TABLEAUX INDICATEURS

DES

ORIGINES ET PROGRÈS

DES

ASSURANCES SUR LA VIE,

PRÉCÉDÉS D'UN

APERÇU HISTORIQUE,

PAR

M. HENRIQUEZ PIMENTEL,

Membre de la Société néerl. de statistique.

> L'assurance sur la vie, considérée dans son ensemble, est une des branches les plus importantes de cette science si vaste qu'on nomme l'économie politique. A ce titre, elle est l'objet des méditations de tous les hommes sérieux de notre époque, et est appelée à contribuer, dans de larges proportions, à l'amélioration morale et matérielle des sociétés modernes; elle propage les idées d'ordre et d'économie, si nécessaires au bien-être individuel de l'homme et à la stabilité des Etats.   RENOU..

LA HAYE,

M. M. COUVÉE.

1869.

Typ. Belinfante Frères.

V

TABLEAUX INDICATEURS

DES

ORIGINES ET PROGRÈS

DES

ASSURANCES SUR LA VIE,

PRÉCÉDÉS D'UN

APERÇU HISTORIQUE,

PAR

M. HENRIQUEZ PIMENTEL,

Membre de la Société néerl. de statistique.

L'assurance sur la vie, considérée dans son ensemble, est une des branches les plus importantes de cette science si vaste qu'on nomme l'économie politique. A ce titre, elle est l'objet des méditations de tous les hommes sérieux de notre époque, et est appelée à contribuer, dans de larges proportions, à l'amélioration morale et matérielle des sociétés modernes ; elle propage les idées d'ordre et d'économie, si nécessaires au bien-être individuel de l'homme et à la stabilité des États. RZEOLL.

LA HAYE,
M. M. COUVÉE.
1869.

Gedrukt bij Gebroeders Belinfante, te 's Hage.

APERÇU HISTORIQUE.

Pour mieux faire saisir la portée des tableaux historiques et bibliographiques concernant les assurances sur la vie, qui forment l'objet essentiel de cette publication, nous avons cru devoir les faire précéder d'un rapide coup d'œil historique sur la matière.

On tient pour avéré aujourd'hui que l'assurance maritime a été pratiquée par les peuples navigateurs de l'antiquité, et que les Romains connaissaient la rente viagère : on cite même, à propos de la *réserve Falcidie*, un texte d'Ulpien qui a donné les lois d'une *table de vie moyenne.*

Les temps précurseurs de la chute de l'empire romain, ceux qui la suivirent, n'étaient pas, toutefois, propices au développement de l'idée d'assurances sur la vie. Ce n'est que vers la fin du moyen âge que l'on trouve les vestiges de la reprise de cette idée dans la *casualty assurance*, les voyageurs ou les pèlerins payant une fois une prime au moyen de laquelle il leur était fourni leur rançon dans l'éventualité qu'ils auraient le malheur de tomber en esclavage chez les Maures ou les Turcs. Plus tard cette assurance se transforma en une sorte de gageure. Une personne se proposant de faire un voyage périlleux déposait une certaine somme dans les mains de *l'assureur.* La personne assurée ayant le bonheur de revenir de son voyage, il lui était payé le double ou le triple de la somme versée ; dans le cas contraire, cette somme demeurait la propriété de l'assureur. L'influence démoralisante de ces gageures se faisait ressentir d'autant plus, s'il s'agissait de paris sur la durée plus ou moins longue de la vie de princes ou d'autres grands personnages: ceux-ci venant à mourir en déans d'un terme fixé, l'assureur avait à payer des sommes considérables. Ces paris, connus en Angleterre sous le nom expressif de **gambling assurances**, furent défendus dans divers pays; il en fut de même en Hollande, où en 1598 fut rendue la fameuse ordonnance d'Amsterdam portant défense expresse de l'assurance sur la vie de l'homme. En France la rente viagère était déjà réglementée au temps des Valois.

Les confréries des métiers et autres avaient formé, au moyen âge, des liens d'où nécessairement devaient jaillir des idées de prévoyance, de garantie mutuelle, et c'est en effet à cette époque que l'on voyait renaître celle de l'assurance sur la vie.

La Réformation fit disparaître bien des confréries auxquelles succédèrent plusieurs réunions d'artisans, et les mêmes besoins d'assistance mutuelle et de prévoyance firent ériger des caisses de secours, des garanties réciproques pour parer aux cas de maladie et aux extrémités de la misère de familles délaissées. De là ces nombreuses caisses ou réunions de métiers de toute sorte, dont plusieurs se sont perpétuées jusqu'à notre époque, caisses contre les cas de maladie, fonds pour subvenir aux frais des funérailles, etc.; d'autres, parmi ces caisses, se sont transformées en institutions d'assurance, en fonds dotaux, etc. Ce fut surtout en Italie et en Angleterre que dès le XVe siècle se pratiquait la prévoyance contre la maladie, et l'épargne pour la dotation de jeunes gens. Sous le règne d'Edouard III en Angleterre, la société de Sainte-Catherine était une véritable caisse de retraite.

De même que les confréries et les métiers étaient les précurseurs de l'assurance contre la maladie, de même l'assurance de rentes avait ses précurseurs dans les établissements tontiniers. L'association fondée en 1653 en France par un médecin italien, le dr. Lorenzo Tonti, et la création de la première *tontine* royale constituent les plus anciennes assurances en cas de vie proprement dites. Dans une tontine la caisse des rentes viagères est organisée de façon à cumuler les intérêts des versements effectués par les souscripteurs pour constituer au profit des survivans soit un capital plus grand que le capital versé, soit une rente viagère considérable. C'est en particulier pour constituer des rentes que les tontines s'établirent en France; l'objet principal fut d'abord d'aider à l'émission des emprunts royaux. Les premières tontines eurent un succès prodigieux : des tontines particulières furent établies à l'instar de l'institution royale; plus tard des abus, des défauts d'organisation les firent tomber en défaveur et provoquèrent la suppression de plusieurs de ces établissements.

Vers le milieu du XVIIe siècle et pour ainsi dire simultanément le mathématicien éminent FERMAT et le génie de PASCAL méditèrent sur la théorie des probabilités dont ils posaient les bases et par là même les bases des assurances sur la vie de l'homme. On trouve le célèbre savant hollandais CHR. HUYGENS parmi les premiers qui aient répandu par leurs écrits la théorie des probabilités ou le calcul des chances; et c'étaient encore deux Hollandais, HUDDE et le grand-pensionnaire JEAN DE WIT, qui primaient dans le calcul exact des rentes viagères. J. DE WIT avait formulé ses calculs dans un écrit (1) et les livra en 1671 à l'appréciation des Etats de Hollande, qui les firent consigner dans leurs résolutions, HUDDE les ayant vérifiés et approuvés.

Dès cette époque on voit s'ériger en divers pays par l'Etat même des institutions d'assurance sur la vie.

La statistique de la mortalité, sur laquelle reposent les tables mortuaires, surgit également au XVIIe siècle. La statistique des populations, les recensements s'étaient produits déjà dans la plus haute antiquité; les Ecritures saintes, l'histoire romaine (époque du roi SERVIUS TULLIUS) en offrent les preuves; or, cette statistique se lie essentiellement à celle de la mortalité.

Ce furent d'abord les savants anglais qui se signalèrent dans les recherches sur le mouvement de la population. En 1662, Sir WILLIAM PETTY livra à la publication un travail sur «l'Arithmétique politique,» où il avait réuni bien des données sur la population de Londres. — Peu de temps après, le capitaine JOHN GRAUNT fit paraître son ouvrage sur les listes ou registres des décès, basé sur les données des registres tenus par les administrations des églises de Londres et qui, parfois, étaient loin d'être exactes.

Entre temps un pasteur allemand, le docteur en théologie CASPAR NEUMANN, s'était occupé de la même question, et, dans une œuvre qu'il mit au jour en 1692, il avait donné des recherches

---

(1) Cet écrit, devenu assez rare et traduit il y a quelques années en français, porte pour titre: De waardij van de Lijfrenten na proportie der losrenten, door J. DE WIT. 's Gravenhage, 1671 (La valeur des rentes viagères selon la proportion des rentes amortissables). La dissertation de DE WIT est insérée dans les Résolutions des Etats, année 1671, pag. 418.

laborieusement réunies, sur la mortalité de B r e s l a u, recherches qui embrassaient la période quinquennale de 1687—1691. Les 5869 cas de décès survenus, il les avait classifiés d'après les mois, l'âge et le sexe, et les avait comparés avec les naissances qui s'étaient produites pendant la même période; d'après les résultats obtenus, il n'y avait eu qu'un surcroît peu considérable des naissances sur les décès.

Cette œuvre eut un grand retentissement dans le monde savant. La Société royale de Londres chargea HALLEY de l'examiner et ce fut, d'après les données fournies par NEUMANN pour la ville de Breslau que le célèbre astronome dressa une table de la mortalité indiquant la vie moyenne de l'homme pour chaque âge. Ce travail resta la pierre angulaire de la science des assurances sur la vie.

Une nouvelle ère s'ouvre dès l'apparition du travail de HALLEY pour cette science. Elle s'annonce d'abord par la création de la première compagnie anglaise d'assurance sur la vie, t h e A m i c a b l e; elle se termine par l'établissement de la première compagnie d'assurance de capital sur le continent; dès-lors elle embrasse une période de deux siècles (de 1698 à 1806).

Vers le milieu du XVIIIᵉ siècle les travaux des tables mortuaires prirent un nouvel essor, et c'étaient encore des Hollandais qui y excellaient. W. KERSSEBOOM publia en 1738 et en 1742 trois dissertations accompagnées de tables de décès survenus parmi plusieurs milliers de souscripteurs aux établissements assurant des rentes en Hollande et dans la Frise Occid. (les deux provinces de Hollande d'aujourd'hui); ces calculs roulaient sur une période de 125 ans. NICOLAAS STRUYCK, un autre compatriote, édita en 1740 un ouvrage où, le premier, il signalait la différence de la mortalité entre les deux sexes.

Parmi les auteurs qui s'occupaient à cette époque en Hollande de calculs de ce genre appliqués surtout à l'amortissement de la dette publique, il y avait M. I. DE PINTO, qui soumit au Stadhouder GUILLAUME IV un Mémoire sur le Crédit et sur les Fonds publics, très bien reçu du Prince; ainsi que l'ami du même auteur, M. LINDO, bon algébriste, dont les combinaisons étaient approuvées par M. KERSSEBOOM; M. LINDO passa ensuite en Angleterre, où il prenait une part active dans le grand mouvement qui portait les esprits à éclaircir les questions de crédit et d'assurances.

Un écrivain allemand, JEAN PIERRE SÜSSMILCH, fit également

paraître dans la première moitié du même siècle, son ouvrage : Die göttliche Ordnung in den Veränderungen des menschlichen Geslechts (1), ainsi qu'une table mortuaire, corrigée ultérieurement par Baumann.

Empressons-nous de citer une œuvre d'une portée bien plus haute, le livre d'un Français daté de 1740 et dont une suite importante parut en 1760. Il s'agit des travaux de Deparcieux, membre de l'Académie des Sciences, qui le premier conçut la théorie de la vie moyenne ; il dressa une table de mortalité sur laquelle bien des sociétés françaises opèrent encore. Le savant français établit cette table en 1746 d'après la durée de la vie de plus de 10,000 des anciens tontiniers de 1689 à 1742. « Il releva exactement l'âge et le moment du décès de chacun d'eux, et en induisit qu'à tel âge pris pour point de départ telle personne avait une chance moyenne de tant d'années d'existence. Sur cette donnée, les calculateurs établirent ce qu'il fallait payer aux sociétés pour qu'elles pussent, à l'aide des primes versées et des intérêts accumulés, servir sans chances de perte les rentes viagères assurées. »

Un Anglais, contemporain de Deparcieux, Thomas Simpson, déterra la table de mortalité dressée par l'illustre Halley, tombée quelque peu en oubli. Simpson faisait des lectures et publiait plusieurs travaux qui excitèrent son compatriote James Dodson à calculer, d'après la méthode de Halley, la première table des primes pour les assurances sur la vie avec une échelle progressive de primes. — Cette publication provoqua aussitôt l'établissement d'une compagnie d'assurance sur la vie s'appuyant sur des bases scientifiques, savoir : The equitable society for the assurance of life and survivorships.

En France, Buffon avait publié en 1749 une table de mortalité basée sur les registres mortuaires de trois paroisses, savoir une de Paris et deux des campagnes. Ni ce travail du célèbre naturaliste, ni l'œuvre importante de Deparcieux (2) ne déterminèrent.

----

(1) «Ordre divin dans les mutations du genre humain.»

(2) Depuis Deparcieux, la moyenne de la vie a augmenté en France : elle s'est élevée de 29 ans en 1789, à 32 ans en 1817 et à 37,50 en 1860. •Cependant, observe un auteur, on ne saurait dire que les limites de la vie se soient reculées, — il n'y a pas plus d'octogénaires ; — mais on vit mieux dans ces limites elles-mêmes, les enfants meurent moins jeunes, et les vieillards sont mieux conservés ; de là l'extension de la vie moyenne.•

toutefois, le public français en masse à faire cas de la science et des faits solidement acquis par l'expérience. Aimant mieux s'étayer sur un système chimérique des probabilités, on s'appliquait en France, comme en Italie, à ériger de nouvelles tontines. Guidée par l'opinion erronnée que le rapport des naissances et des décès est comme 7 à 12, on poussa l'extravagance jusqu'à poser en théorie que le genre humain tout entier devrait s'éteindre après l'écoulement de 822 années et que le peuple français devrait être réduit à un seul individu 696 années après! Voilà où en était le public dans ses appréciations des chances de la vie de l'homme et du mouvement des populations qui, comme il est prouvé par les faits, bien loin de suivre une proportion décroissante, suit une marche progressive. Et on s'étonne encore du mot fameux qui avait cours au déclin du même siècle : « Après moi le déluge ! »

Louis XV avait créé jusqu'à neuf tontines. « Supprimées, ainsi que deux tontines particulières, en 1770, selon un auteur (1), elles avaient déjà révélé les embarras financiers de tout gouvernement en quête de semblables ressources, et produit des effets désastreux sur les mœurs publiques. » On avait à déplorer des scènes qui égalèrent un moment les désordres de la rue Quincampoix. Avec les difficultés financières, les tontines reparurent; le dernier emprunt en rentes viagères fut émis par NECKER, et donna lieu à la spéculation dite des Petites Genevoises. « Des spéculateurs habiles, dit le même écrivain, avaient choisi à Genève, dans des familles aisées où la longévité était notoire, cent petites filles vigoureusement constituées, sur la tête desquelles ils souscrivirent des rentes viagères. Nombre d'entre elles devinrent plus qu'octogénaires. Quant aux tontines privées, la plus connue se constitua le 1er avril 1791. » Elle acquit, d'après son fondateur, le nom de c a i s s e L a f a r g e.

FRANÇOIS LAFARGE avait mis en pratique une autre méthode que celle de TONTI. Sa caisse recueillait des mises de 90 fr. qui, réunies et placées en rentes sur l'état, produisaient, avec l'accumulation des intérêts, des rentes viagères de 45 fr., attribuées d'abord par la voie du sort à quelques actionnaires; à leur mort, ces rentes accumulées pouvaient, grâce aux extinctions, produire jusqu'au chiffre de 3000 fr. de rente par action primitive. Au delà,

(1) M. BAILLEUX DE MARISY, dans la Revue des Deux Mondes, 1867, livr. du 1er février.

les extinctions profitaient à l'état. La caisse Lafarge, qui avait traversé l'époque révolutionnaire, a été supprimée en 1809 ; sauf ce cas unique, toute autre tontine disparut en France jusqu'en 1835, alors que la vogue se porta de nouveau sur ce système, admis seulement dans le pays où il avait surgi : en d'autres contrées les tontines avaient certes pris un grand développement ; vers la fin du XVIIIe siècle on peut citer l'Espagne, l'Angleterre, le Danemarc, la Hollande et l'Allemagne ; mais on y avait réalisé l'idée primitive de TONTI.

Tous les auteurs sur la matière reconnaissent que la France a été lente à se familiariser avec l'idée des assurances sur la vie proprement dites : une des causes de ce mouvement tardif est que longtemps y avait cours l'opinion des anciens jurisconsultes contre les opérations aléatoires ayant la vie humaine pour enjeu. C'est en 1787 seulement qu'un arrêt remarquable vint en France mettre fin à la prohibition dont ces assurances étaient frappées par des jurisconsultes illustres, les POTHIER et autres, qui ont trouvé de l'écho même encore de nos jours. C'est longtemps en vain que les PASCAL et autres grands mathématiciens avaient posé les premiers jalons d'une nouvelle science, et « consacré les calculs par lesquels s'obtient l'annihilation des risques du sort au moyen de la division infinie des chances.» Les philanthropes, les économistes leur donnèrent gain de cause.

Le temps était mûr toutefois pour de nouvelles réformes dans le système d'assurance ; dès les premières années du siècle actuel une autre ère s'ouvre pour les opérations de cette nature ; le mouvement s'en continue encore aujourd'hui. Cette nouvelle ère embrasse la période de 1806—1868, mais c'est de 1830 particulièrement que se prononce un développement prodigieux des assurances dans divers pays.

L'Angleterre, en abandonnant le système des tontines, s'était attaché surtout à celui des assurances à primes fixes.

L'assurance sur la vie dans le sens le plus strict était inconnu, ou du moins n'était pas pratiqué sur le continent, fait d'autant plus surprenant qu'après HUYGENS d'autres savants de premier ordre, BERNOUILLI, LEIBNITZ, EULER, CONDORCET et particulièrement le Danois TETENS, n'avaient cessé de consacrer leurs veilles à l'étude plus approfondie de la science de la matière.

La ville de Hambourg, qui entretenait un commerce assidu avec l'Angleterre, était la première cité continentale à rompre ici la glace. BENEKE y réussit en 1806 à réunir un capital en actions de 4 millions marcs b a n c o, afin de créer une banque allemande d'assurances sur la vie. Et en effet elle commença ses opérations qui, cependant, durent céder bientôt sous l'influence de la guerre.

En France l'engouement temporaire en faveur de la c a i s s e L a f a r g e n'avait pas tenu devant ses opérations chanceuses et finirent par éveiller l'attention du gouvernement. L'Empereur soumit les statuts organiques de la caisse à un examen formel, qui eut pour résultat la suppression déjà signalée de cette institution et les restrictions légales posées à l'établissement des tontines. Ce ne fut qu'en 1818 que le Conseil d'état fut saisi de la question de savoir si l'autorisation devait être accordée à des établissements qui se proposaient d'assurer du capital pour cas de décès. Le Conseil d'état émit un avis assez favorable sur ces institutions. Ainsi, une ordonnance royale du 29 décembre 1819, approuva la C o m p a g n i e d' a s s u r a n c e s g é n é r a l e s s u r l a v i e, et l'année suivante déjà une autre société, la R o y a l e, plus tard la N a t i o n a l e, obtirent l'autorisation du roi. Ces compagnies, toutefois, avaient à lutter contre bien des difficultés qui s'opposaient à leur développement quelque peu considérable. En 1829 il était érigé la troisième compagnie française, l' U n i o n.

Ces sociétés françaises instituaient des agences en Belgique, en Suisse, comme en Espagne et en Italie. Dans ce dernier pays une société fut créée en 1826.

La première société hollandaise datait, à vrai dire, déjà de 1807 ; elle avait suivi de près la banque spéciale de Hambourg, et a été plus heureuse, car, sauf quelques réformes, elle a traversé toutes les époques les plus pénibles et n'a vu que s'accroître ses opérations. C'est vers la même époque de sa création que VAN SWINDEN fournit d'amples matériaux et des travaux scientifiques propres à féconder les opérations des assurances.

En Allemagne, ARNOLDI était pour ainsi dire l'auteur du grand mouvement opéré depuis un tiers de siècle dans cette branche de l'activité humaine. C'est à lui que l'on doit la banque, avantageusement connue, de Gotha (1828). Nombre de compagnies furent établies depuis en Allemagne, tant sur le principe de mutualité que sur celui d'actions.

L'Angleterre, grandissant par le commerce et le crédit, voyait prospérer toutes les institutions capables d'en déterminer l'essor, et parmi elles les sociétés d'assurance : celles sur la vie de l'homme. nées sur ce sol fécond en opérations financières, participaient à cet élan général ! Elles s'y multiplièrent et l'on s'attachait à les rendre de plus en plus solides. En 1830 on comptait en Angleterre jusqu'à 35 de ces établissements, à la tête desquels se trouvait toujours l'Equitable, dont la partie scientifique était surveillée par des hommes les plus compétents, WILLIAM MORGAN, BABBAGE et ARTHUR MORGAN. — Les études spéciales spontanées ou par ordre du gouvernement ne discontinuaient pas. — M. WILLIAM FARR employait les rapports du registrar general et le recensement de 1841 à la composition d'une table connue en Angleterre sous le nom de Table nationale anglaise. Il avait restreint son observation à une seule année, tandis que M. NEISON l'a étendue à trois ans et demi ; la table de M. FARR est très utile à consulter pour les premiers âges de la vie.

Chose étonnante, aux Etats Unis c'est en 1830 seulement que fut érigée une société d'assurances sur la vie.

La Hollande avait été plus prompte à s'associer à ce grand mouvement en matière d'assurances. On se trouvait ici encore sous le régime des décrets impériaux du 1er avril 1809 et du 18 novembre 1810 (Bulletin des Lois nos. 233 et 327) portant la surveillance gouvernementale sur les institutions d'assurance ; le dernier décret embrassait même dans les attributs de cette surveillance les caisses de prévoyance contre les cas de maladie et en faveur des payements à faire lors des funérailles. Cependant, les dispositions du décret de 1810 surtout tombèrent en désuétude ; le nombre des sociétés d'assurance allait en s'augmentant, les caisses de garantie pullulaient, mais malheureusement avec le relàchement de la surveillance et le peu de connaissances répandues encore sur la matière, les abus se multipliaient également et bien des mécomptes de veuves et orphelins ne plaidaient point pour la solidité des calculs et des promesses de plusieurs de ces établissements. Mainte débàcle eut lieu qui frustra l'attente des actionnaires. Le public s'en alarma : les lumières de la science et l'affermissement d'une saine surveillance étaient impérieusement nécessaires.

M. LOBATTO, par ses travaux statistiques, par ses calculs des lois de la mortalité en Hollande, était amené à faire des recherches sur la théorie et l'histoire des assurances sur la vie ; il publia en 1830 deux ouvrages sur cette matière, l'un sur la théorie, l'autre sur l'application pratique, sous une forme plus populaire (1), et il ne manquait pas d'insister sur cette question d'utilité publique dans son Annuaire (2); voici le thème qu'il ne cessait de développer sous des formes variées dans ses travaux spéciaux: « A tout honnête père de famille incombe le devoir de participer dans la mesure de sa fortune à quelque société d'assurance. Il ne s'agit pas ici d'un sacrifice à faire seulement en faveur de relations intimes, mais en même temps en faveur de l'avancement du bien public, dans l'intérêt de tous ses compatriotes. »

Jusqu'au terme de sa carrière, Lobatto était occupé de calculs en vue de cette haute appréciation de la matière (3), et la direction de la société hollandaise d'assurances sur la vie, celle établie depuis 1807 à Amsterdam, l'avait chargé de revoir et de compléter ses tarifs; le gouvernement lui confia l'examen scientifique des programmes des nouvelles sociétés de cette nature, examen faisant partie du nouveau régime sur l'obtention de l'autorisation des établissements d'assurance et sur leurs obligations, formulé par les arrêtés royaux du 16 juillet 1830, 2 mai 1833, 10 juillet 1840 et 9 décembre 1845 (Journ. offic., nos 54, 15, 43 et 69). La jurisprudence de la Haute Cour des Pays-Bas déclare obligatoire

---

(1) Voici les titres de ces deux ouvrages: Beschouwing van den aard, de voordeelen, en de inrigting der Maatschappijen van Levensverzekering. (Considération de la nature, les avantages et l'organisation des compagnies d'assurance sur la vie); — Over de inrigting en berekening van duurzame weezenfondsen (sur l'organisation et le calcul des fonds durables en faveur de veuves). Ces deux publications virent successivement le jour en 1830 à Amsterdam.

(2) Statistiek Jaarboekje, Annuaire publié par ordre du gouvernement, année 1836.

(3) Un de ses Mémoires académiques (daté de 1864) porte sur une méthode d'approximation pour le calcul des rentes viagères, et un écrit posthume est intitulé: Remarques sur une formule de M. E. Reboul, mathématicien attaché à l'Impériale à Paris, pour évaluer le prix d'une assurance de survie. M. Lobatto prend en défense la formule donnée par le géomètre F. Baily, dans son excellent ouvrage sur la Théorie des assurances sur la vie (8e Chap., probl. 8). C'est M. D. Bierens de Haan qui s'est chargé de surveiller l'impression de ce travail posthume de Lobatto, qui a paru dans le N°. I des Archives néerlandaises éditées par la société holl. des sciences siégeant à Harlem (année 1866).

l'autorisation préalable des institutions de ce genre, prescrite par l'arrêté du 16 juillet 1830. Les arrêts de la Haute Cour du 24 mai 1853 et du 22 avril 1857 (Weekblad van het Regt n^{rs}. 1491 et 1778) ont considéré l'autorisation royale dont il s'agit comme ressortissant, la surveillance publique à qui tombe dans le domaine constitutionnel du roi.

L'arrêt du 24 mai 1853 a mis à néant un arrêt de la cour provinciale de la Nord-Hollande, qui, de concert avec plusieurs jurisconsultes distingués, entre autres M. J. G. Kist, dans son « Traité de la Société » (1), déclare non obligatoire l'arrêté royal du 16 juillet 1830, comme entaché d'un excès de pouvoir.

L'arrêté royal de 1840 prescrit que ces institutions, pour être établies et pour opérer, doivent compter au moins cinq cents souscripteurs, soit pour l'institution, soit pour une de ses sections séparées.

L'arrêté royal de 1845 étend l'application des arrêtés précités.

Une loi du 14 septembre 1866 déclare non applicables à plusieurs sociétés, et entre autres à celles d'assurance ou de garantie les articles 1—13 de la loi du 22 avril 1855 sur le droit d'association et de réunion. Le code civil et le code de commerce demeurent applicables sur la matière.

M. Baumhauer, dans un article sur les compagnies d'assurance (Annuaire statist. 1866), demande si l'ensemble de ces dispositions offre encore des garanties suffisantes aux souscripteurs futurs?

« Les compagnies d'assurance sur la vie, dit-il, sont des sociétés anonymes de commerce. Elles sont tenues, en vertu du code de comm. (Livr. I, titre III, sect. 3, art. 56 et suiv.), de soumettre l'acte ou le projet d'établissement à l'autorisation royale.

« Le gouvernement ne sait aujourd'hui des dites compagnies rien que les conditions sous lesquelles l'autorisation a été donnée et les tarifs dont elles se proposent de se servir. »

L'auteur se plaint de ce que le gouvernement n'a point des données exactes sur la marche des opérations; même les 49 compa-

---

(1) „De Maatschap of Vennootschap," p. 167. — Voir aussi le Manuel du droit public et administratif des Pays-Bas, par M. de Bosch Kemper, p. 838, et l'article intéressant sur la matière de M. W. Goltstein, dans l'Economist, année 1863.

gnies autorisées de 1840 à 1866 on ne saurait en certifier positivement l'existence que de 30.

M. Baumhauer demande, comme des garanties efficaces: 1°. la publicité la plus large; 2°. la possession d'un fonds de réserve suffisant; 3°. la représentation à la fois des souscripteurs et des assureurs au sein de la direction. Enfin il opine pour une bonne loi sur la matière.

M. Quetelet, en Belgique, concourut aussi puissamment au double but à atteindre en cette partie. savoir donner, par la statistique, des bases solides aux calculs nécessaires aux institutions d'assurance, et propager des connaissances utiles sur leurs combinaisons, leur organisation et leur portée. On doit beaucoup, sous ce double rapport, à ce mathématicien belge, grand promoteur de la statistique (1), dans ses applications les plus diverses.

En Allemagne aussi, depuis 1830 les opérations des assurances sur la vie prirent un grand essor; la banque de Gotha marcha résolument et solidement et elle en est venue au point de pouvoir élever son dividende, qui ne montait en 1840 qu'à 18 pct., jusqu'à 38 pct. (divid. de 1865).

L'Autriche, la Suisse et bien d'autres pays ne restaient plus en arrière; l'Espagne et le Portugal s'associaient de même à ce mouvement.

La France y participait sans doute, mais il faut le reconnaître, l'activité des sociétés d'assurances sur la vie n'y répondait pas encore à l'étendue du territoire et comme on aurait pu s'y attendre d'après l'exemple de l'Angleterre.

---

(1) Voir p. ex. ses Recherches sur la population, les naissances, les décès, etc., dans le Royaume des Pays-Bas, travail datant de 1829 et appuyé de notes très importantes du conseiller d'état feu M. le baron DE KEVERBERG. Voir aussi l'ouvrage de M. QUETELET, sur l'Homme. Le même auteur a calculé la table de mortalité pour Bruxelles, comme son ami LOBATTO l'avait fait pour Amsterdam. M. VERHULST a donné une table de la mortalité d'Amsterdam pour les deux sexes publiée dans le IIIe vol. de la Corresp. math. et phys. de M. Q., et insérée aussi dans le Vriend des Vaderlands. Le calcul n'est fait que sur les résultats d'une période quinquennale, 1821—25. On a encore pour les Pays-Bas: Tafel ten behoeve van het Calenbergsche Weduwenfonds, insérée dans l'ouvrage de M. RAMAKERS, Rekenkundige Verscheidenheden, — puis, H. BOEL, Probabiliteitstafel voor de inwoners der stad Amsterdam.

Signalons, toutefois, le fait que de l'autre côté de la Manche, pendant un certain laps de temps, on avait dévié de la bonne route. On était entré dans une époque transitoire, celle des abus, de folles promesses ou d'objets chimériques. Ecartant les enseignements de l'expérience, dédaignant les avertissements de la science, on était tombé, en plein dix-neuvième siècle, dans les erreurs, les absurdités du moyen âge et des extravagances du dix-huitième siècle à son déclin. Il suffira de citer ici ces quelques lignes du travail de M. BAILLEUX DE MARISY : «Nous sommes encore neufs à cette existence agitée, à ces combinaisons incessantes des peuples industriels. Aussi, quelles formes l'assurance sur la vie n'a-t-elle pas prises en Amérique et en Angleterre ! Sans remonter aux époques dites de folie, aux paris où la vie des grands personnages, de PITT, du roi même, celle d'un simple alderman, ou la nomination de WILKES et la durée de son emprisonnement servaient d'enjeu, on dresserait le plus curieux tableau de moeurs avec la nomenclature actuelle des sociétés d'assurances. Depuis les veuves écossaises, les clergymen, les ouvriers mineurs, les orphelins, jusqu'à la garantie de la probité des employés et de la fidélité des femmes, etc., l'assurance a embrassé toutes les hypothèses, tous les états, tous les individus, même ceux qui se trouvent pour ainsi dire hors la loi, c'est-à-dire les malades et incurables. »

Les sociétés à folles opérations qu'on avait créées ne pouvaient laisser que des mécomptes, de tristes souvenirs ; et le contrôle du gouvernement n'avait pu être assez énergique pour préserver le public de leurs ruines. De 1844 à 1867 on voyait sombrer deux cents trente sociétés anglaises d'assurances sur la vie. Mais à côté de ce triste résultat, il y avait des succès prodigieux ; à côté de l'ombre, la lumière ! L'Angleterre, malgré ces défaillances, peut montrer toujours de vastes établissements d'assurance, des compagnies modèles basées sur les calculs les plus approfondis et à la tête desquelles se trouvent appelés des hommes connus dans le monde scientifique, des savans versés spécialement dans la partie des assurances, de même que des hommes rompus dans la partie des finances.

L'Angleterre, trouvant son interprète en M. GLADSTONE, a fait de l'assurance un véritable engin de civilisation, capable d'accroître la moralité du peuple.

On avait démontré que l'état, déjà assureur viager aux

termes de l'acte 10 du roi George, ne favorisait par là que les classes aisées. Aussi, profitant de l'exemple des caisses de retraite fondées en France en 1850, le parlement britannique avait autorisé la création d'une caisse destinée à servir des rentes viagères non plus suivant le cours de la rente 3 pCt., mais à des conditions fixes déterminées par l'âge des contractants. Ainsi un plus grand nombre d'individus pouvait participer aux avantages «des petites assurances garanties par l'Etat.» Basé sur une combinaison ingénieuse qui n'a pas eu le succès désiré, l'acte du 14 juillet 1864 donna aux individus les moins aisés la liberté de se constituer purement et simplement des rentes viagères par l'État (1).

Grande est en Angleterre la variété des institutions destinées à parer aux accidents; citons en particulier la Railroad accidental assurance company, à laquelle toutes les gares de chemins de fer sont ouvertes, et dont on prend le billet de garantie en même temps que le ticket pour la place en wagon.

En Amérique, les accidental assurances ont surgi à la fois de tous les côtés.

Les Etats Unis, pour être venus tard dans l'arène et pour avoir donné quelque temps dans le travers dont nous avons parlé plus haut, est en bonne voie dans le domaine des assurances sur la vie. Le gouvernement de l'Union a été le premier à établir un département spécial, chargé de contrôler les compagnies d'assurance. En 1864 on comptait à New-York jusqu'à 17 compagnies qui avaient assuré pour une somme de 194,819,324 dollars. En 1866 il y avait à Massachusets 43 sociétés d'assurance sur la vie, soit du pays, soit de l'étranger, qui avaient assuré en total une somme de 871,863,925 dollars.

Les pays qui étaient restés longtemps plus ou moins étrangers à ce mouvement, finirent par s'y produire. En Hongrie, il fut

---

(1) Les plus grandes facilités sont accordées pour effectuer les versements qui peuvent se faire même aux bureaux des postes, transformés pour ainsi dire en caisses d'épargnes et d'assurance: en 1865 déjà 200 bureaux étaient autorisés à recevoir ces assurances dans un rayon de pays peuplé de 6 millions d'habitants; 809 assurances étaient contractées, pour plus de 1 ½ millions de francs. Dans 501 contrats le paiement annuel avait été préféré, dans 181 le paiement par mois ; on avait même accordé la faculté de versements hebdomadaires.

établi en 1858 la première compagnie générale d'assurance ; la Russie en avait créé une déjà en 1835. Les assurances sur la vie ont trouvé même leur chemin jusqu'aux Indes Occidentales, dans l'Amérique du Sud, aux Indes Orientales, et dans l'Australie.

En 1840 l'on voyait surgir en Angleterre un journalisme des assurances, dont le fondateur est J. HOOPER HARTNOLL. Le père de ce journalisme en Allemagne est le Dr. ALBERT MASIUS (1846).

Plusieurs gouvernements ont pris, depuis quelques années, l'initiative de la création d'établissements d'assurances sur la vie. Relevons, parmi ces établissements, celui dont GLADSTONE provoqua l'institution en 1864, celui des Government annuities and payments at death; ainsi qu'en France la Caisse de retraite pour la vieillesse (établie en 1850). Ces établissements n'ont pas, cependant, atteint leur but ou ne l'ont atteint qu'en partie: on pouvait s'y attendre; un établissement gouvernemental ne pouvant généralement être une bonne entreprise industrielle, et telle, en définitive, doit être l'assurance sur la vie. D'une utilité bien plus grande, croyons-nous, serait une bonne loi sur la matière, une loi qui, parant aux abus, devrait être le moins gênante possible. Ce devoir incombe sans doute aux gouvernements, et dans plusieurs états les premiers pas sont faits dans cette voie.

Les gouvernements ont, d'ailleurs, beaucoup aidé au développement des assurances en établissant des bureaux de statistique, en s'imposant des sacrifices pour les recensements et plus réguliers et plus exacts, et pour la publication sur une grande échelle des travaux statistiques.

L'Angleterre a donné encore l'exemple d'une institution bien propre à activer les études spéciales; en 1849 il y a été créé une espèce d'académie des assurances, dite Institute of Actuaries, constituant non-seulement une association d'hommes des plus distingués par leurs lumières — une société savante — mais en même temps une académie devant laquelle on peut passer régulièrement chaque année des examens en trois grades dans toutes les branches se rapportant à la science des assurances sur la vie. Un président et un conseil se trouvent à la tête de cette institution qui, sous le titre de Assurance Magazine, publie un journal spécial. Elle peut s'enorgueillir de compter dans son sein des hommes tels que BABBAGE, le prof. DE MORGAN, Dr.

Farr, P. Gray, Lord Overstone, Tidd Pratt, Quetelet, le professeur Sylvester et d'autres savans de premier ordre. (1)

A l'instar de cette institution, il fut établi ultérieurement à Edimbourg une autre académie spéciale, sur une échelle plus restreinte, dite la Faculty of Actuaries. L'Union américaine obtint une pareille institution en 1867, qualifiée: la Chambre d'assurances sur la vie. En 1868 il fut érigé à Berlin un collége destiné à cultiver l'étude de ces assurances; cet établissement, toutefois, n'est qu'une réunion d'hommes techniques et pratiques dans le domaine des mêmes assurances, sans faculté ni examinateurs.

Ces études spéciales à côté d'une publicité sérieuse valent sans doute mieux que le système de réclame longtemps admis. Le temps n'est plus où l'on voyait des courtiers colporter dans toutes les maisons des prospectus plus ou moins sincères; le temps réclame partout, pour ces institutions où il s'agit de l'intérêt public, du bonheur des familles, une bonne publicité des bilans, une vérification sérieuse des comptes rendus; sous ce rapport toutes les compagnies devraient suivre la marche des banques publiques dont tout le monde peut savoir exactement l'état. C'est le meilleur remède contre les abus. — Le gouvernement anglais a pris l'initiative dans cette voie, eu égard aux petites assurances garanties par l'état; il a publié des tables, un guide populaire; tous les ans, un compte est soumis au parlement après avoir été apuré par la commission des comptes publics.

On ne s'en tient pas à ces précautions: M. Cave, l'ancien vice-président du „Board of Trade," vient de prendre l'initiative d'un projet de loi sur les compagnies d'assurances sur la vie. Dans l'exposé des motifs de son projet, M. Cave démontre que, sur 519 compagnies de cette nature, constituées de 1844 à 1866, 46 seulement existaient encore au 31 décembre 1866. Plusieurs, il est vrai, se sont fusionnées avec d'autres, mais le mal n'en reste pas moins très-grand et bien digne d'attirer l'attention du législateur.

Arrivé à l'époque actuelle, nous avons à signaler encore les essais méritoires de plusieurs savants à représenter, graphiquement et au moyen de diagrammes, les résultats des décès sur-

---

(1) Feu le célèbre Gompertz fut aussi membre de cette institution.

venus parmi tel ou tel nombre de personnes assurées. Cette méthode graphique peut influer heureusement sur le développement de la science des assurances sur la vie et tombe parfaitement dans la direction actuelle de la statistique.

En France on a vu, dans les dernières années, surgir toute une littérature populaire sur la matière, littérature remarquable sous bien des rapports. Les auteurs de ces traités, qui excellent par la lucidité des vues et par un style attrayant, s'appliquent à rendre populaire et palpable l'utilité des compagnies d'assurances sur la vie de l'homme. Il nous suffit de citer ces titres: Faut-il s'assurer, par Francisque Sarcey (dont la 35e édition vit le jour en 1867); Qu'est-ce que l'assurance sur la vie, par L. Bergeron; Lettres sur les assurances, par Louis Jourdan; Qui s'assure, s'enrichit, par Eugène Reboul; La morale de l'assurance, par le même; Lettres sur les assurances, par de Courcy; les travaux d'une véritable propagande spéciale, de MM. Hubbard, Aug. Cochin, etc. etc. Les savants, les philanthropes n'ont pas manqué non plus de faire de cette matière l'objet de conférences publiques où s'est produit parmi d'autres le comte Sérurier, qui a dit: «Je considère comme d'utilité publique la création de l'enseignement de l'assurance en France; personne ne méritait sous tous les rapports, autant que M. Eug. Reboul, d'inaugurer cet enseignement.» Infatigable dans la poursuite de vulgariser l'idée dont il est devenu un des grands promoteurs. M. Reboul a montré toute sa science dans son oeuvre: Transactions viagères, Traité complet des intérêts composés, des annuités viagères et des assurances sur la vie. 3 gr. vol. in-4°.

Sous le rapport scientifique, il est de toute justice de citer aussi: Théorie élémentaire des annuités viagères et des assurances sur la vie, par M. Maas.

Tous ces efforts combinés ne semblent pas superflus; M. Reboul, en ouvrant une conférence publique sur la morale de l'assurance, disait à ses auditeurs qu'il leur proposait un voyage de découverte. Le Moniteur des Intérêts Matériels, dans son n°. 42 de 1868, en dit autant pour la Belgique: «L'assurance sur la vie date de plus d'un siècle et demi, et pour la plupart parmi nous elle est née d'hier.» N'oublions pas de relever encore que MM. Villermé et Benoiston de Chateauneuf ont publié dans les Annales de l'hygiène des données intéressantes sur la durée de la vie chez le riche et le pauvre, indiquant la mortalité pour cent.

En Allemagne tout récemment a paru (à Leipzig) un manuel spécial, intitulé : Theoretisch-practisches Handbuch der Lebensversicherung, par le prof. W. KARUP, source féconde pour quiconque se pique d'écrire sur l'histoire des divers systèmes d'assurances sur la vie. L'attention est fort éveillée ailleurs aussi sur la matière, témoin les articles intéressants qu'un journal très accrédité le Moniteur des Intérêts Matériels, ne cesse de donner à ce sujet. La rédaction a même ouvert aujourd'hui une sorte d'enquête sur le but, la nature, l'ancienneté et les opérations des diverses compagnies d'assurance et les diverses méthodes suivies, pour arriver à une saine appréciation de leurs combinaisons et de leur état financier. Cette enquête se borne cependant aux compagnies constituées par des actionnaires, et n'embrasse pas celles qui opèrent d'après le principe de la mutualité.

En Hollande aussi ces questions préoccupent de plus en plus l'attention publique; la science des assurances sur la vie y compte toujours des hommes très versés dans la matière, parmi lesquels nous aimons à prononcer en premier lieu les noms de MM. STAMKART (1) et VON BAUMHAUER (2), tandis qu'une revue distinguée, de Economist, rédacteur en chef M. J. L. DE BRUYN KOPS, s'est montrée bien disposée à accueillir, surtout sous le point de vue économique, maint travail destiné à tenir en éveil l'intérêt du public en faveur de cette matière et de tout ce qui y a trait.

Espérons que ce concours universel tendra à consolider de plus en plus les institutions bien assises et à éclairer le public en masse sur la grande utilité des assurances qui, à vrai dire, sont un des signes et une des garanties de la civilisation et de la constance dans la prospérité des familles.

---

(1) Voir: Iets over weduwfondsen, 1852. — De grondslagen van het waarborggenootschap voor weduwen, onder directie der HH. TE WINKEL et RIETVELD, 1853.

(2) Voir de cet auteur: de Levensverzekering-maatschappijen in Nederland, dans l'Annuaire de l'association statistique en Hollande (année 1866); puis, dans les «Idées-Mères ou plan motivé d'un programme du congrès international de statistique,» la Haye, impr. de l'état, 1868; l'exposé succinct des diverses méthodes de calculer les tables de mortalité etc. à l'usage des assurances sur la vie; — enfin dans l'Annuaire de la statist. néerl, années XIV et XV, les nouvelles tables de mortalité pour les Pays-Bas.

I.

STATISTIQUE DES ASSURANCES SUR LA VIE EN 1869.

TERRITOIRE.	Nombre des institutions des assurances sur la vie.	CAPITAL ASSURÉ EN FLORINS DES PAYS-BAS.
Le Royaume-Uni de la Grande Bretagne .	170	5,280,000,000
Les Etats-Unis de l'Amérique du Nord . .	55	3,168,000,000
La France.	16	730,400,000
L'Allemagne (1)	34	616,000,000
Les autres pays de l'Europe	25	352,000,000
Les autres parties du monde	30	440,000,000
TOTAL	330	10,586,400,000

Les résultats que nous offrons ici s'appuyent sur des données offi·ielles, en tant qu'ils se rapportent aux Etats-Unis de l'Amérique, la France et l'Allemagne; quant aux institutions en Hollande, en Belgique, en Suisse, en Russie et celles des pays scandinaves, nous avons pu recueillir des chiffres, sinon officiels, du moins puisés à des sources accréditées; par contre, les chiffres se rapportant aux institutions dans les autres contrées du monde (l'Angleterre non exceptée) ne présentent pour la majeure partie que des résultats de calculs approximatifs.

Ne sont pas compris dans les résultats ceux des caisses de prévoyance et ceux des assurance de rentes. Les assurances dont il s'agit ici ne concernent que les institutions assurant le capital en cas de mort et celles accordant des paiements après un certain âge révolu, puis les institutions mixtes (c'est-à-dire l'assurance de capital dans les deux catégories par le même établissement.)

Il appert de ce relevé général que la moitié du capital assuré revient à la Grande-Bretagne, un tiers environ aux Etats-Unis de l'Amérique, et que tous les autres pays ne participent au montant total que pour un cinquième.

En 1864 la GRANDE-BRETAGNE possédait 143 compagnies d'assurances en activité, garantissant près de 2 ½ milliards de florins; dans ce chiffre les capitaux payables au décès formaient la plus grande part.

L'Equitable, le grand modèle pour les sociétés à mutualité, bien qu'ayant restreint ses bénéfices et le nombre de ses associés, a vu grandir toujours la sphère de son action : il y a quelques années les sommes assurées

____

(1) A entendre ici le territoire de l'ancienne confédération allemande, dont nous avons encore observé les divisions dans le tableau suivant.

dépassaient encore 9½ millions de livr. sterl. (202 millions de francs), et indépendamment d'un revenu annuel de 430,000 livr. sterl. (10,750,000 fr.) elle possède une réserve accumulée de près de 7 millions de livr. sterl. (175 mill. de francs).

En Amérique, où, comme nous l'avons vu, les assurances ne parurent qu'en 1830, on avait assuré cette année même dans l'état de New-York 30,000 dollars (150,000 francs). En 1864, pour 4 millions d'habitants, l'état de New-York réunissait seul 12 compagnies locales assurant 456 millions de francs; 6 compagnies associées aussi dans les autres états lui garantissaient 395 millions, et 6 compagnies anglaises 200 millions.

Au 31 décembre 1863, le total des capitaux reçus par les compagnies à primes pour assurances de rentes viagères en France n'atteignait pas, suivant M. Duménil, 191 millions de francs, et le montant des rentes assurées s'élevait à 19,300,000 fr. Ces chiffres ne sont pas considérables par rapport à la population de l'Empire français.

À la même date les sommes encaissées par les sociétés mutuelles, dépassaient 318 millions, et les rentes sur l'état achetées par elles, 14,300,000 fr.

M. Duménil, en signalant le mince résultat des opérations d'assurances contractées en France, où sur 38 millions d'individus 500 millions de francs étaient en 1864 engagés dans les assurances sur la vie, constate la proportion suivante de la prévoyance : elle était en 1866 en France de 1, tandis que la prévoyance des Allemands est de 3, celle des Anglais de 14 et celle des Américains de 20. Cette comparaison s'applique à tous les genres d'assurances sur la vie.

La plupart des opérations, en Amérique comme en Angleterre, ont pour objet de pourvoir aux conséquences de la mort ; en France ces mêmes transactions en 1864 présentaient le total de 413 millions d'assurances contractées temporairement ou pendant la vie entière. Toutefois depuis un certain nombre d'années la progression en France a été assez forte pour permettre d'espérer dans l'avenir une comparaison plus avantageuse. Ce chiffre de 413 millions, relevé à la fin de 1863, constate en dix ans une augmentation énorme : en 1843, les assurances à primes en cas de mort pour la vie entière et temporaires, ne s'élevaient en France qu'à 20 millions, en 1853 à 86, en 1858 à 150; cinq ans plus tard, elles atteignent près du triple. Dans une seule compagnie, la Nationale, de 1836 à 1860, le total des capitaux assurés en cas de décès ne dépassait pas 52 millions; en 1865, il monte à plus de 137; le total des primes encaissées s'est élevé de 8 à 22 millions.

Le mouvement de vulgarisation des assurances dont nous avons tracé quelques traits dans l'aperçu historique déterminera sans doute un progrès plus sensible encore; des exemples donnés d'en haut, sont venus affirmer dans son but de philanthropie l'utilité de la prévoyance: M. Bergeron (dans sa brochure: Qu'est-ce que l'Assurance) rappelle entre autres faits que l'Impératrice a fait assurer sur sa vie un capital de deux millions, dotation posthume destinée à la caisse de l'orphelinat fondé par elle. »La prudente timidité des compagnies françaises l'a seule empêchée de porter le minimum à cinq millions, chiffre indiqué dans sa proposition.«

II.

Table chronologique, et par pays, des principales institutions d'assurance sur la vie établies hors des Pays-Bas.

[Signification des astérisques: (*) que la compagnie opère d'après le système de *mutualité :* (†) *société à actions :* (§) système *mixte.*]

ALLEMAGNE.

Date de l'érection.	Désignation de l'établissement et autres indications.	
1827	Lebensversicherungsbank für Deutschland in Gotha (Saxe Cobourg Gotha . (*)	
1828	Deutsche Lebensversicherungs-Gesellschaft in Lübeck (Lubeck) (§)	
1829	Allgemeine Lebensversicherungs-Anstalt für Haunover (Hanovre . (*)	
1831	Lebensversicherungs-Gesellschaft in Leipzig (Saxe . (*)	
1836	L.-V.-Anstalt der Bayrischen Hypotheken- und Wechselbank (Bavière. (†)	
—	Badische Allgem. Versorgungs-Anstalt (Carlsruhe; Bade) (*)	
1840	Allgemeine Versorgungs-Anstalt für Kurhessen (Cassel; — Hesse élect.) (*)	
1841	Braunschweigische Allgemeine Vers.-Anstalt (Brunsvic). (*)	
1845	Frankfurter Lebensversicherungs-Gesellschaft (Francfort). (§)	
1846	Kapital- und Rentenversicherungs-Anstalt (Hanovre). (*)	
1848	Janus (Hambourg). (§)	
1852	Teutonia (Saxe). (§)	
1853	Mecklenburgische Lebensversicherungs- und Ersparniss-bank (Schwerin; — Mecklenbourg). (*)	
1854	Lebensversicherungs- und Ersparnissbank. (Stuttgard; — Wurtemberg). (*)	
1855	Renten- und Lebensversicherungs-Anstalt (Darmstadt; — Hessen). (*)	Date de 1844 comme établissem. de garantie de rentes.
1856	Providentia (Francfort a. M.) (†) Id.	Et contre les accidents de voyage.
1861	Gegenseitigkeit (Leipzig; — Saxe). (*)	Etabl. en 1853 comme caisse de prévoyance contre la maladie.
—	Renten-Anstalt (Stuttgard; — Wurtemberg) (*)	Date de 1844 comme établissem. de garantie de rentes.
1867	Bremer Lebensversicher.-Bank. (*)	

AUTRICHE.

1824	Allgem. Versorgungs-Anstalt (Vienne). (*)	Combinée avec la première caisse d'épargue d'Autriche.
1834	Assicurazioni Generali (Triëste). (†)	Etablie en 1831 comme comp. d'ass contre l'incendie.
1838	Riunione Adriatica di Sicurta. (*)	Et contre l'incendie.
1840	Allgemeine Capital- und Rente-Anstalt (Vienne) (*)	
1844	Allgemeine Versorgungs-Anstalt (Kronstadt). (*)	
1852	Azienda Assicuratrice. (†)	Etablie en 1823 comme comp. d'assur contre l'incendie.
1855	Janus (Vienne). (*)	
1858	Première compagnie générale d'assurance de la Hongrie. (†)	Et ass contre l'incendie.
—	Der Anker. (§)	
1860	Austria (Vienne). (*)	Et ass. contre la maladie.
—	Phönix (id.) (†)	Et ass. contre l'incendie.
1861	Gresham autrichien. (§)	
1865	Première compagnie générale d'assur. en faveur des fonctionnaires (Vienne). (*)	
1866	Patria (id.). (*)	
—	Haza (Pesth). (†)	

BELGIQUE.

1824	Compagnie belge d'assurances générales sur la vie (Bruxelles). (†)	Précédemment: «Société de l'Union belge et étrangère.»
1853	Royale belge. (†)	

FRANCE.

1819	La Compagnie d'assurances générales sur la vie (Paris). (†)	
1820	La Nationale (id.). (§)	
1829	L'Union. (id.). (§)	
1838	La Nationale. (id.). (*)	A un capital de garantie.
1841	La Caise paternelle (id.). (*)	Soc. à actions.
—	Caisse des Ecoles et des Familles (id.). (*)	Dirigée par «l'Impériale.»
—	Providence des Enfants (id.). (*)	Dirig. par le «Phénix.»
—	L'Equitable (id.). (*)	En état de liquidation.
1842	Concorde (id.). (*)	Dirig. par «l'Impériale.»
—	Minerve (id.). (*)	Dirig. par «la Caisse paternelle.»
—	Economic (id.). (*)	En état de liquidation.
—	La Prévoyance (id.). (*)	Id.
1843	l'Européenne (id.). (*)	Id.
1844	Le Phénix. (§)	
—	Le Conservateur. (*)	
1845	L'Urbaine. (*)	En état de liquidation.
1846	Mélusine (id.). (*)	Dirigée par la «Caisse paternelle.» En état de liquidation.
—	Phénix (id.). (*)	

1846 Le Soleil (Paris). (*)
— La Providence des Enfants. (*)
— La France. (*)   En état de liquidation.
— l'Aigle.
1850 Caisse de retraite pour la vieillesse.
1854 l'Impériale (Paris). (§)
1858 Caisse générale des Familles. (id.). (†)
1864 Le Monde (id.). (§)
1865 L'Urbaine (id.). (†)   Société à actions. Et achât de nue propriété et d'usufruit.

GRANDE BRETAGNE.

Année	Compagnie	Observations
1706	Amicable Society of Perpetual Assurance. (*)	Fusionnée en 1866 avec la «Norwich Union.»
1721	Royal Exchange. (§)	Assure aussi contre l'incendie.
—	London Assurance. (§)	Id.
1762	Equitable Society. (*)	
1797	Pelican. (§)	
1806	London Life Association. (*)	
—	Provident. (§)	
—	Rock. (§)	
1807	Eagle. (§)	
—	West of England. (§)	Et contre l'incendie.
1808	Atlas. (§)	Id.
—	Norwich Union. (*)	
1810	Sun. (§)	Etabl. en 1710 comme société de garantie contre l'incendie.
1814	Union. (§)	Etabl. en 1714 ; en même temps soc. de garantie contre l'inc.
1815	Scottish Widow Fund. (*)	
1820	Imperial. (§)	
1821	Guardian. (§)	Et contre l'incendie.
1822	National of Ireland. (§)	Id.
1823	Economic. (*)	
—	Edinburgh. (§)	
—	North British and Mercantile. (§)	Et contre l'incendie. Précédemment : la «North British»
—	Law Life. (§)	
1824	Alliance. (§)	Et contre l'incendie.
—	Clerical, Medical and General. (§)	
—	Patriotic (Dublin). (§)	Id.
—	United Kent. (§)	Id.
—	Yorkshire. (†)	Id.
—	Scottish Union. (§)	Id.
1825	Crown. (§)	
—	Scottish Provincial. (§)	Et contre l'incendie. Précédemment : «l'Aberdeen»
—	Standard. (§)	Précéd. : «Life Insurance Comp. of Scotland.»
—	University. (§)	
1826	Scottish Amicable. (*)	
1829	Clergy Mutual. (*)	
1830	National. (*)	
1831	Scottish Equitable. (*)	

1832	Friends Provident. (*)	
1833	Argus. (§)	
—	Caledonian. (§)	Et contre l'incendie.
1834	Mutual. (§)	
—	Universal. (§)	
1835	Metropolitan. (*)	
—	National Provident. (*)	
—	Nottingham and Derby. (§)	Et contre l'incendie.
1836	Hand-in-Hand. (*)	
—	Legal and General. (§)	
—	Liverpool and London and Globe. (§)	Et contre l'incendie.
—	Northern. (§)	Id. Préc.: «North of Scotland».
—	Westminster and General. (§)	Et contre l'incendie.
1837	General. (§)	Id. Précéd.: «Dissenters and General».
—	Scottish Provident. (*)	Préc.: «National Loan Friend».
—	International (§)	Précéd.: Franc-Maçons.
1838	Albert. (§)	Précéd.: «Edinburgh and Glasgow».
—	Life Association of Scotland. (§)	
1839	English and Scottish Law. (§)	Et contre l'incendie.
1840	Church of England. (§)	Et prévoyance contre la maladie.
—	Provident Clercs. (*)	
—	Reliance. (*)	Et contre l'incendie.
—	Royal Farmers. (§)	Id.
—	United Kingdom Temperance. (*)	
1841	Scottish National. (§)	Et contre l'incendie. Précédem. «National Ins. of Scotland.»
—	Wesleyan and General Provident. (*)	
1843	Preserver. (†)	Et contre l'incendie.
—	Star. (§)	
1844	British Mutual. (*)	
—	Equity and Law. (§)	
—	Great Britain. (*)	
1845	Royal. (§)	Et contre l'incendie.
1846	London and Provincial Law. (§)	
—	Sovereign. (§)	
—	Brighton and Sussex Mutual Provident. (*)	
1847	British Empire Mutual. (*)	Précéd. «Prudential Mutual.»
1848	Gresham (§)	
—	Prudential. (§)	
1850	Law Property. (§)	
1852	Lancashire. (§)	Et assur. contre l'incendie.
—	Marine and General. (*)	Et assurances maritimes.
—	Provincial Welsh. (§)	De même contre l'incendie.
1853	Briton, Medical and General. (§)	Anciennem. «Briton.» «Peoples Provident.»
—	European. (§)	
—	Emperor. (§)	Et contre l'incendie.
1854	British Equitable. (§)	Et contre l'incendie.
—	Law Union. (§)	Et assur. contre la maladie.
—	United Brothers. (§)	En même temps banque de prêt.
—	National Industrial. (†)	Et contre l'incendie.
1855	Midland counties. (§)	
—	Whittington. (§)	
—	National Mutual. (*)	Précéd. «United Traders».
1856	Mutual Provident Alliance. (*)	Ass. contre la maladie. Précéd. «Christian Mutual Provident.»

1857   Queen. (§)
1860   Norwich Provident. (§)
 --   Victoria Benefit. (*)
1861   Western Counties and London. (*)
1862   Commercial Union (§).   En même temps , contre l'incen-
                                       die et assur. maritimes.
 —   London and Lancashire (§).   Et contre l'incendie.
 —   Southampton Mutual (*).
1863   Hercules (§).   Et contre l'incendie.
 --   National Union (§).
1864   Albion (§)
 —   Life Investment (§).
 —   London and Southwark (§).   Et contre l'incendie.
 —   Sceptre (§).
1865   Birmingham Alliance (§).   Et assur. contre accidents et soc.
                                      de garantie.
 —   General Provident (§).
 —   London and Northern (§).   Et contre l'incendie.
 —   National Guardian (§).   En même temps banque de prêt.
 —   Provincial Union (§).   Et assur. contre la maladie.
1866   British Workman (*).
 —   Imperial Union. (§).
 —   Industrial (§).
 —   London and Manchester (§).   Puis, contre l'incendie.
 ---   Manchester Provident (§).   Id.
 —   Northern Patriotic (§).   Assure aussi contre la maladie.
 —   Planet (§).   Et contre l'incendie.
 —   Prosperous (§).   Et contre la maladie.
 —   United English and Scottish (§).
 ---   United Kingdom (§).   Et comp. de garantie.
 —   Universal Insurance Loan and Invest-
        ment (§).   En même temps contre l'incendie
                                      et la maladie.
 —   Scottish Imperial (§).   Id.
 —   Sheffield and Lincoln (*).   Et contre la maladie.

ITALIE.

1826   Société de Milan des assurances sur la
        vie (Mailänder Lebensversicherungs-
        Gesellschaft). (†)   Et contre l'incendie.

PRUSSE.

1836   Berlinische Lebensversicherung-Gesell-
        schaft (Berlin) (§)
1844   Berlinische Kapital- und Renten-Anstalt.
        (†)   Fusionné avec la compagnie de
                                               Berlin, dite Lebensversiche-
                                               rungs-Anstalt.
1845   Alterversorgungs-Anstalt in Breslau. (*)
1853   Concordia (Cologne). (†)
1854   Iduna (Halle). (*)
1855   Magdeburger Lebensversicherungs-Ge-
        sellschaft (Magdebourg). (†)
1856   Thuringia (Erfurt). (†)   Et contre l'incendie et les acci-
                                              dents de voyage.

1857 Germania (Stettin). (†)
1861 Allgem. Eisenbahn-Versicher.-Gesell-
     schaft. (Berlin). (†)

Etablie d'abord, en 1843, comme comp. d'assur. contre les accidents de transport.

1865 Preussische Lebens-Versicherungs-Actien
     Gesellschaft (Berlin). (†)
1866 Friedrich Wilhelm (id.). (†)
— Nordstern (id.). (†)

RUSSIE.

1835 Comp. d'assurance sur la vie et de rentes
     viagères. (Pétersbourg). (†)

Monopole jusque dans les derniers temps.

ÉTATS SCANDINAVES.

1842 Livsforsikkrings-Anstalten i Kjöbenhavn
     (Copenhague; — Danemarc). Ser-
     vice de l'État).
1847 Almindelinge gjensidige Forsörgelses-
     Anstalt (Christiania; — Norvège) (*)
1850 Ränte-och Kapitalförsäkrings-Anstalt
     (Stockholm; — Suède). (*)
1855 Scandia (Stockholm; — Suède). (§)   Et contre l'incendie.
1861 Idun (Christiania; — Norvège). (†)
1866 Svea (Gothenburg; — Suède). (†)   Et contre l'incendie.

SUISSE.

1857 SchweizerischeRenten-Anstalt (Zürich);
     selon quelques données cette société
     opère d'après le principe de mutualité.
1864 Basler Lebens-Versicherungs-Gesell-
     schaft. (Bâle) (†)

ÉTATS UNIS DE L'AMÉRIQUE.

1830 Life Insurance and Trust Company (New-
     York). (†)
1842 Mutual Life Insurance Company (id.). (*)
1843 New-York Life Insurance Company
     (id.). (*)
— New-England Mutual (Boston). (*)
1845 Mutual Benefit (Newark, New-
     Jersey). (*)
1846 Connecticut Mutual (Hartford). (*)
1847 American Mutual (New-Haven). (*)
1850 United States Life Insurance Company
     (New-York). (†)

1850 Manhattan Life Insurance Company (New-York). (†)
1853 Knickerbocker LifeIns.Company (id.).(†)
— Massachusetts Mutual (Worcester.)(*)
1859 Equitable Life Ins. Comp. of the U. S. (New-York). (†)
1860 Washington Life Insurance Comp (id.). (†)
— Home Life Insurance Company (Brooklyn). (†)
— Germania Life Insurance Comp. (New-York). (†)
1862 Security Life Insurance Annuity-Company (id.). (†)
— North America Life Ins. Comp. (id.). (†)
1863 National Life and Travellers Ins. Comp. (id). (†)
1864 Globe Mutual (id). (*)   Avec 100,000 de dollars de capital foncier.
— Brooklyn Life Insurance Comp. (Brooklyn). (†)
— Widows and Orphans Benefit Life Ins. C. (New-York). (†)

AUSTRALIE.

1859 Victoria. (Melbourne). (†)

III.

Table des compagnies d'assurance sur la vie reconnues aux Pays-Bas. (1)

AMSTERDAM.

Noms des fondateurs etc.	Désignations.	Date de l'établissement ou de la reconnaissance de la compagnie et observations.
J. Hartsen, Aujourd'hui, directeur P. Langerhuizen.	Hollandsche Societeit van Levens-verzekering. (Société hollandaise d'assurance sur la vie.)	10 Juillet 1840. Etablie primitivement en 1807.
J. J. Santhagens et R. van Eibergen Santhagens.	Oost-Indische Maatschappij van administratie en lijfrente. (Société d'administration et de rentes viagères pour les Indes Orientales.)	19 Janvier 1842.
H. Meijer Cluwen et J. H. Eikhoff.	Eerste Nederlandsche algemeene ver-zekering - compagnie. (Première compagnie générale néerlandaise d'assurance.)	10 Juillet 1840. Etablie primitivement en 1823.
	Tweede. (Seconde).	12 Février 1843. (Modifications des statuts le 13 mars (16, 17 avril) 1865.
G. Meynts et E. H. van der Meulen.	Nederlandsche Maatschappij van algemeene renten-verzekering (Compagnie néerlandaise d'assurance générale de rentes.)	18 Mars 1845.
J. W. F. Matthes et A. S. Tobias.	Maatschappij van onderlinge levens-verzekering. (Compagnie d'assurance mutuelle sur la vie.)	8 Juin 1847.
C. Wertz van Dooren.	Algemeen Nederlandsch pensioen-fonds. (Fonds général néerlandais pour la garantie des pensions.)	16 Janvier 1849.
W. G. van Marselis Hartsinck, P. Romijn et Mr. H. C. Hedeman. Aujourd'hui, directeur: W. G. van Marselis Hartsinck.	Tontinaire Maatschappij "de Toekomst. (Société tontinière, raison: "de Toekomst.")	20 Décembre 1850.
F. Verschuur.	Nederlandsche Maatschappij van levensverzekering. (Comp. néerl. d'assur. sur la vie.)	26 Septembre 1853. Siége précéd.: Dordrecht

---

(1) Ce tableau est dressé d'après les données officielles. Nous avons cru devoir nous y conformer, bien que, d'après des almanacs, particulièrement celui de la "Résidence néerlandaise" le nombre des compagnies soit plus considérable.

P. L. Bos et J. Dubourcq.	Maatschappij van Verzekering *Nederland*. (Compagnie d'assurance *Nederland*.)	17 Juillet 1858. (Nouveaux tarifs, le 5 avril 1865, n°. 58.)
H. W. Fischer et D. Verhoop.	Id. Holland.	8 Octobre 1860.
F. P. Muysken.	Onderling verzekering-genootschap. (Société d'assurance mutuelle.)	1 Mars 1863, n°. 9.
Hoofdbestuur van het Nederlandsch Onderwijzers-Genootschap. (Direction centrale de la société du corps enseignant de l'instruction primaire).	Levensverzekering - Maatschappij voor de leden van dat genootschap. (Assurance sur la vie des membres de ladite société.)	13 Août 1863, n°. 75. (Les statuts ont été quelque peu modifiés par arrêté royal du 12 Déc. 1868, n°. 1; ces modifications n'influent pas, toutefois, sur les tarifs.)
J. Langerhuizen.	Overlevingskassen en instellingen ter verkrijging van oploopende lijfrenten. (Caisses de servie et institutions destinées à obtenir des rentes viagères progressives).	19 Avril 1864.
G. A. Posthuma, de Leeuwarde, et B. Brimsteede, d'Amsterdam.	Amsterdamsche algemeene verzekering-maatschappij voor uitkeering bij overlijden. (Compagnie générale d'Amsterdam, pour assurer des paiements en cas de mort.)	9 Juillet 1866, n°. 60. (Un arrêté royal du 4 Mai 1869, n°. 8, approuve la modification de l'art. 16 sur la décision de contestations.)

ROTTERDAM.

J. G. Arbon et P. H. Görlitz. Aujourd'hui, directeurs: F. H. Batenburg et J. P. A. François.	Algemeene Maatschappij voor weezen en algemeen meisjes-, vrouwen- en weduwenfonds. (Société générale en faveur d'orphelins et fonds général pour des filles, femmes et veuves.)	10 Juillet 1840.
Mr. W. Siewertsz van Reesema et S. van der Held Wz.	Nationale Levensverzekering-bank. (Banque nationale d'assurance sur la vie).	30 Décembre 1862.
J. van Vliet, de la Haye.	Maatschappij van Levensverzekering. (Société d'assurance sur la vie).	30 Juin 1863.
D. T. M. Kröller et A. J. Bakker.	Nederlandsche Maatschappij van geldelijke uitkeering. (Société neerlandaise pour assurer des paiements.)	21 Août 1867, n°. 42.

LA HAYE.

Mr. J. C. Faber van Riemsdijk et F. H. C. Drieling.	Maatschappij ter waarborging van lijfrenten. (Société de garantie de rentes viagères).	10 Juillet 1840.
H. Meurs, J. F. van Son et J. F. Deykerhoff; d'après *l'Alm. d. l. Résid.* le dernier est aujourd'hui seul directeur.	Nederl. Algemeene Onderl. Waarborg-Maatschappij van lijfrenten of pensioen. (Société générale néerlandaise de garantie de rentes viagères ou de pensions)	24 Mai 1844.

D. G. J. Switzar. Aujourd'hui, directs.: Jh. W. L. J. von Daehne van Varick et G. A. N. Faber van Riemsdyk.	Maatschappij van uitkeering onder de zinspreuk: *Zorg voor de toekomst.* (Société pour garantir des paiements, sous la raison: *Zorg voor de toekomst.*)	10 Juillet 1856.

LEYDE.

G. J. Rollandet, Mr. C. A. de Vassy et M. H. Esser.	Nederl. onderling pensioen- en weduwenfonds. (Fonds néerlandais mutuel pour l'obtention de pensions et au profit de veuves.)	24 Juillet 1860.
"	Uitkeeringsfonds ter bestrijding van begrafeniskosten enz. (Fonds pour assurer les frais des funérailles, etc.)	14 Novembre 1861.

UTRECHT.

M. Vroerom de Haan, d'Utrecht, et P. Nourisse et W. v. d. Weerd, de Noord-waddinxveen.	Algemeene pensioenverzekering-maatschappij. (Compagnie générale a'assurance de pensions.)	12 Mars 1866, no. 103. 28 Juin *"* *"* 64.
A. J. B. Overman et J. W. Saagsveldt.	Levensverzekering-Maatschappij: *Pietas.* (Société d'assurance sur la vie; raison: *Pietas.*)	21 Septembre 1862
A. J. B. Overman.	Nederlandsche Maatschappij der overlevingkassen en van wederverzekering. (Société néerlandaise de caisses de survie, d'assurance etc.	7 Janvier 1864.
C. J. v. d. Meulen van Maarssenbroek, Mr. W. J. Both Hendriksen et C. Oostman en Zoon.	Tontinaire geldleening ter oprigting eener bewaarschool voor kinderen van leden der Ned. Herv. gemeente. (Emprunt tontinaire destiné à l'établissement d'une école gardienne en faveur d'enfants de membres de la communauté réformée holl.)	10 Février 1844.

ZEIST.

Mr. W. D. F. Schas. Aujourd'hui, directeurs: E. van Ewyck et F. H. van de Poll.	Verzekeringbank *Kosmos.* (Banque d'assurance; raison: *Kosmos*.)	17 Juillet 1862.
	Overlevingkas. (Caisse de survie.)	8 Décembre 1863.
	Overlevingkas voor kinderen. (Caisse de survie au bénéfice d'enfants.)	21 Mars 1864.

HARLEM.

J. C. van Bemmelen.	Hollandsche Maatschappij van levensverzekering. (Société hollandaise d'assurance sur la vie.)	22 Juin 1863, no. 60.

BOIS-LE-DUC.

J. A. Nuyts.	Onderlinge broederschap van ambtenaren en bedienden, behoorende bij en onder het departement van finantiën, tot hulp voor weduwen (Lien mutuel de fonctionnaires et commis ressortissant au département des finances, à l'effet d'assister leurs veuves.)	4 Avril 1863.

LEEUWARDE.

J. Schaap Spoelstra et J. Oosterhoff Wz.	Algemeene Friesche Levensverzekering-Maatschappij. (Compagnie générale de la Frise d'assurance sur la vie.)	30 Oct. 1860, n°. 78. (Modification des statuts le 30 Avril 1863, n°. 59.)

ZWOL.

Departement Zwolle, der Maatschappij tot Nut van 't Algemeen (Section Zwol de la Société »d'Utilité publique».)	Onderlinge uitkeerings- en lijfrentenkas. (Caisse mutuelle de paiements et rentes viagères.)	2 Décembre 1860, n°. 75.

GRONINGUE.

J Huizinga	Algemeene Groninger Levensverzekerings-maatschappij (Société générale de Groningue d'assur. sur la vie.)	19 Mars 1864, n° 64.
id.	Levensverzekering-, pensioenen- en weduwenfonds. (Fonds d'assurance sur la vie, de pensions et au bénéfice de veuves.)	31 Août, 1866, n°.54.

DRIEBERGEN.

J. F. Barends, directeur. H. J. Cordes, administrateur.	*Prudentia.* — Uitkeering-, pensioen-, weduwen-, en spaar- en beleengenootschap. (Société de paiements, pensions, pour des veuves ; fonds d'épargne et de prêts.) — D'après l'»Almanac de la Résidence,» le siége de cette société est aujourd'hui à Arnhem.)	25 Novembre 1863, n°. 96. (Modifié le 10 Avril 1865, n°. 64. L'arrêté royal du 10 Sept. 1868, n°. 8, contient des modifications dans plusieurs articles du règlement.)
id.	Overlevingskassen. (Caisses de survie.)	10 Mars 1866, n°. 55.

AMERONGEN.

N. B. Donkersloot et G. Rombouts.	Weduwenfonds voor genees-, heel- en verloskundigen, artsenijmengers en veeartsen. (Fonds institué dans l'intérêt des veuves de docteurs en médicine, chirurgiens, accoucheurs, pharmaciens et médecins vétérinaires.)	17 Février 1858.
C. J. M. Dijkmans et Mr. R. C. Immink.	Nederlandsche verzekeringsbank, gevestigd te Amerongen. (Banque d'assurance néerlandaise, établie à Amerongen.)	17 Avril 1867, n°. 65.

WESTZAAN.

J. van Woert.	Algemeen pensioenfonds voor den gehuwden en ongehuwden stand; zinspreuk: "Zonder eigenbelang." (Fonds général de pensions à accorder à des mariés ou à des célibataires; raison "Zonder eigenbelang."	10 Juillet 1840.

COMPAGNIES D'ASSURANCE NON OU APPAREMMENT NON ÉTABLIES DE FAIT.

AMSTERDAM.

Leembruggen, Guepin et Muyskes et B. Hagedoorn.	Vereeniging tot daarstelling eener tontine of door versterf toenemende lijfrenten en voor pensioenen. (Association pour l'institution d'une tontine ou de rentes viagères progressives par décès, ainsi que pour des pensions.)	10 Avril 1842.
H. J. Koopman et Mr. S I. Cohen.	Maatschappij tot onderlinge onderstands-verzekering op den ouden dag. (Société d'assurance mutuelle de soutien dans la vieillesse.)	28 Novembre 1849.
Mr. A. J. Zubli.	Overlevings-lijfrenten en weduwenfonds. (Fonds de survie, de rentes viagères et au profit de veuves.)	23 Juillet 1855.
J. te Winkel et A. Doyer.	Onderling verzekering-genootschap. (Société d'assurance mutuelle.)	2 Janvier 1862, n°. 58.

ROTTERDAM.

J. C. v. d. Lely.	Nederl. Maatschappij van onderlinge geldbelegging. (Société néerlandaise de placement mutuel de fonds.)	27 Juillet 1851.
Mr. W. P. A. Voerendonk.	Nederl. Maatschappij van opklimmende renten. (Société néerlandaise de rentes progressives.)	17 Septembre 1857.

LA HAYE.

N. Bervoets Jr.	Algemeene Nederl. Maatschappij van rente-verzekering. (Société générale néerlandaise d'assurance de rentes.)	27 Juin 1842.

LEEUWARDE.

J. Eikma.	Onderlinge Maatschappij tot nut en voordeel. (Société mutuelle d'utilité et de bénéfice.)	10 Juillet 1840.
Mr. C. Wiersma et J. J. de Jongh.	Maatschappij van onderlinge levensverzekering : *"Duurzaam en Zeker."* (Société d'assurance mutuelle sur la vie : *"Duurzaam en Zeker."*)	7 Mars 1850.
T. Smeding et L. Ekkelboom.	Algemeen Nederlandsche verzekeringfonds voor de nationale militie. (Fonds général néerlandais d'assurance sur le service de la milice nationale.)	14 Octobre 1857.

ZWOL.

D. van Schreven et G. Luttenberg.	Algemeen fonds van overlevingsrenten voor het vrouwelijk geslacht. (Fonds général de rentes viagères au bénéfices de femmes.)	10 Juillet 1840.

ZIERIKZEE.

J. W. le Sage ten Broek.	Maatschappij tot waarborging van lijftogten aan vrouwen en mannen. (Société de garantie de rentes à femmes et à hommes.)	10 Juillet 1840.

OUDEWATER.

P. M. Montijn et R. Blok.	Nederlandsche Maatschappij tot onderlinge pensioenverzekering van ambtenaren en beambten. (Société néerlandaise d'assurance mutuelle de pensions de fonctionnaires et employés.)	25 Août 1858 et 30 Mars 1859.

MEERKERK.

J. C van Osselen et J. F. Schuld.	Nederlandsche Maatschappij ter verzekering van jaarlijksche uitkeeringen of pensioenen. (Société néerlandaise d'assurance de rétributions annuelles ou de pensions.)	2 Octobre 1859.

TIEL.

S. Moll, W. van Rijnberk, H. W. Schonewald et M. D. Houtzagers.	Weduwen-pensioen- en levensverzekering-maatschappij. (Société en faveur de veuves, puis pour accorder des pensions, enfin d'assurance sur la vie).	18 Août 1845.

IV.

Table historique et bibliographique des faits les plus saillants concernant les assurances sur la vie, et des auteurs éminents sur cette matière de l'an 150 après l'ère chrétienne jusqu'en 1869.

Années. ap.J.C.	Auteurs.	Faits importants.	Année.	Indications scientifiques; littérature.
150	Ulpien.		150	Table de vie moyenne chez les Romains: *réserve Falcidie*.
				Lex Falcidia testamentaria.
1100		Assistance mutuelle en fonds et confréries (primes fixes.)	900	Registres mortuaires des principaux cloîtres.
1300		Assurance contre les accidents de voyage et autres. (Casualty assurances).		
1500		Origine des assurances sur gageures, des paris. (Gambling-assurance.)		
1538			1538	Registres des paroisses en Angleterre.
1550		Caisses des métiers ou des confréries pour assurer les frais de funérailles.		
1570		Défense d'assurances sur la vie humaine en Hollande.		
1588		Même défense à Gènes.		
1598		Ordonnance d'Amsterdam contre l'assurance sur la vie de l'homme.		
1600			1600	Introduction générale de registres des décès ou listes mortuaires dans les églises.
1625		Jeux de hasard en Italie et en France.		
1653	Lorenze Tonti.	Création de la première tontine royale en France.	1653	Théorie des tontines, nom qu'elles doivent à l'Italien qui le premier en conçut l'idée.
1654	Pascal.	Ce savant illustre fonde une science à propos d'une question de jeu et qu'il nomme: la géométrie du hasard.	1654	Origine du calcul des probabilités.

Année	(gauche)	Année	(droite)
1654	Fermat.		
1657	Huygens.	1657	Théorie du calcul des probabilités, par Huygens. (»Stelsel der waarschijnlijksheidsleer »;) — »De ratiociniis in ludo aleae.«
1662	Pascal. †	1662	Origine de la statistique de la mortalité. Political Arithmetic de Petty.
—	SirWill. Petty.		
—	John Graunt.		
1665	Fermat. †	—	Observations de Graunt.
1671	Jean de Wit. Institutions de rentes viagères.	1671	Théorie des rentes viagères; dissertation de de Wit.
1681	Ordonnance en France contre les assurances sur la vie.		
		1676	Le Calcul différentiel conçu par Leibnitz.
		1684	Le »Methodus pro maximis et minimis« de Leibnitz.
1692	Caspar Neumann.	1692	Statistique de la mortalité de la ville de Breslau.
1693	Halley.	1693	Première table de la mortalité.
1695	Huygens. †		
1698	Compagnie angl. de Mercer; assurance de pensions aux veuves et de rentes viagères.		
1699	Society for assurances for widows and orphans.		
1700	Plusieurs essais faits en Angleterre en matière d'assurances sur la vie; essais hasardés, toutefois, par suite du défaut de connaissances solides des entrepreneurs.		
1705	Bernouilli. † Établissement de »l'Amicable Society« en Angleterre. (Espèce de bourse commune.)	1708	L'Essai d'analyse de Montmort.
1711	Le Moivre. †	1711	De Moivre, »De Mensura sortis.«
1716	Leibnitz. †	1713	Publication de »l'Ars conjectandi de J. Bernouilli.
1718	DeMontmort.†		
1720 - 21	Réforme dans le mécanisme des assurances sur		

	Événements		Ouvrages
	la vie par deux compagnies, le »Royal Exchange« et le »London Assurance«. (Opérations par primes fixes graduées d'après certaines chances de mortalité.)		
1738	Kersseboom.	1738	De Moivre, »Doctrine of Changes.«
		—	Statistique du mouvement de la population en Hollande et tables de la mortalité. -- Dissertation de Kersseboom.
1740	Nic. Struyck. Création en plusieurs états de caisses au bénéfice des veuves.	1740	Mortalité diverse d'hommes et de femmes. »Lijfrenten,« (Rentes viagères) de Struyck.
1741	Süssmilch.	1741	Première table de la mortalité en Allemagne. Süssmilch, »die göttliche Ordnung.«
1742	Simpson.	1742	Doctrine de Simpson.
—	Halley. †		
1745	Dodson.	1745	Premier essai fait en Angleterre à composer des tables techniques de primes.
1746	Deparcieux.	1746	Première table de la mortalité en France. Théorie de la vie moyenne. Deparcieux, Essai.
1748	Création du premier bureau public de statistique.		
1749	Buffon.	1749	Buffon, tables de mortalité.
1751	Recensement dans toute la Suède.		
1753	Euler.	1753	Euler, »Calcul de la probabilité.«
1754	Le Moivre. †		
1755	Baumann.	1755	Table de la mortalité dressée par Süssmilch et Baumann.
1761	Établissement de l'»Equitable.«		
1765	Wargentin. Cette institution commence ses opérations publiques.		
1771	Price.	1771	Price, »Observations on Reversionnary Payments.« (réédité en 1812 par Morgan.
1773	Acte du parlement contre les assurances sur gageures ou paris.	1775	Dr. Gallas, Kort bondige en stelkunstige verhandeling over den aard der

1780		Tontines en Allemagne.
1782		Réduction des primes élevées de l'"Equitable."
1783	Euler. †	
—	d'Alembert. †	
1785	Tetens.	Les "folles assurances" en Angleterre.
1786		En 1786 et 89 quelques membres du parlement anglais soumirent à la chambre des communes un bill qui tendait à ouvrir en faveur de la classe pauvre une caisse d'annuités viagères. C'est sur les données du dr. Price qu'ils avaient basé leurs tarifs. Le gouvernement continua jusqu'en 1819 à s'en servir pour régler le prix des annuités que la Trésor. avait à émettre.)
1787		Arrêt remarquable en France mettant fin à la prohibition des anciens jurisconsultes contre les opérations aléatoires ayant la vie humaine pour enjeu.
1791	Price. †	
—	François Lafarge.	Création à Paris d'une grande tontine, la "Caisse-Lafarge."
1794	Condorcet. †	
1800		Dix grands établissements d'assurance sur la vie sont en pleine activité en Angleterre. Répartition de 30 pct. de bénéfices par l'"Equitable."

	lijfrenten, tontinen, weduwen-beursen en andere negotatien. Amsterdam. A.B. Strabbe, over de theorie der lijfrenteberekening, dans le 1er vol. de l'ouvrage: "Oefenschool der mathematische wetenschappen."
1776	Table de la mortalité en Suède dressée par Price.
1780	Table de la mortalité dressée pour Northampton.
—	Réformes introduites par Price dans la base scientifique de l'"Equitable."
1785	Tetens, Einleitung zur Berechnung der Leibrenten, Leipzig.
1786	Reversionnary Bonus de l'"Equitable."
1791	Statistique de la mortalité de Carlisle dressée par Heysham.
—	Système Lafarge.
1795	Méthode de Gauss, du moindre carré.

1803	van Swinden.		1803	Travaux de van Swinden sur le mouvement de la population d'Amsterdam. Alg. Konst- en Letterbode, du 29 mai 1803).

1803 van Swinden.

Création de la comp. anglaise »the Rock.» (Nouvelle forme de société d'assurances, soit à système mixte, entre les compagnies mutuelles et les compagnies à primes.)

1806 Bencke.

— Duvillard. Création d'un établissement d'assurance sur la vie à Hambourg.

1803 Travaux de van Swinden sur le mouvement de la population d'Amsterdam. Alg. Konst- en Letterbode, du 29 mai 1803).

1806 Table de mortalité de Duvillard, dressée non plus sur quelques têtes choisies comme la table de Deparcieux, mais sur l'ensemble de la population.

1807 Etablissement d'Amsterdam de la Société hollandaise d'assurances sur la vie; directeur M. Jacques Hartsen.

1809 Suppression par décret impérial de la »Caisse-Lafarge.» - L'assemblée générale des actionnaires de l'»Equitable» décide (le 7 décembre 1809) qu'on ajouterait 2 p. ct. par an à toutes les assurances qui seraient contractées pendant les dix années suivantes, et qu'à chaque période décennale on dresserait un inventaire pour distribuer le surplus des bénéfices: les admissions furent telles qu'on dut revenir en partie sur ces avantages promis. (Depuis lors, la société ne répartit plus que le tiers des bénéfices).

1810 Baily, Doctrine of Life Annuities and Assurances.

1812 Laplace.

1812 Laplace, »Théorie analytique des probabilités.»

1813 Lagrange. †
— Baily.

1813 Baily, »Doctrine.»
1814 Laplace, »Essai philosophique sur les probabilités.»

1815	John Milne.	Milne ayant travaillé d'après des renseignements recueillis sur la population de la ville de Carlisle trouva pour cette ville en ayant soin de tenir compte du mouvement de la population, une loi de mortalité bien moins rapide que celle que le Dr. Price avait indiquée.	1815	Table de Carlisle.
1819		Création de la première compagnie d'assurance sur la vie en France (celle d'«Assurances générales.» C'est-à-dire à la fois une société d'assurances maritimes, une société sur la vie et contre l'incendie. D'après quelques données, la «Mutuelle,» l'avait précédée de trois ans.)	—	Milne, Treatise.
			1816	Nieuwenhuis, dans son Essai sur la topographie médicale d'Amsterdam, fournit nombre de renseignements sur le mouvement de la population de cette ville.
1823	William Morgan.	Création aux Pays-Bas d'une caisse pour subvenir aux frais des funérailles en faveur des fonctionnaires de l'état. Plan d'une compagnie d'assurance sur la vie, élaborée à Elberfeld.	1823	W. Morgan, «Principles and Doctrine.»
—	van Swinden.†			Gauss, «Theoria Cambinationes.»
1824		Compagnie d'assurances générales sur la vie, les fonds dotaux et les survivances, la première comp. créée en Belgique, (sous la direct. de Mr. J. A. Coghen).		Crémillet, Nouvelle théorie du calcul des intérêts simples et composés. (Ce travail contient d'intéresantes tables de mortalité).
1825	Davies.	En 1825 et 1827 furent nommées deux commissions du parlement anglais au sein desquelles furent admis tous les hommes qui s'occupaient en Angleterre des combinaisons relatives à la durée de la vie humaine à émettre leur avis sur les tables de mortalité existantes.	1825	Première table de mortalité, dressée d'après l'expérience acquise par les opérations de compagnies. Davies's, «Life contingencies.»

1826	Babbage.	Création d'une comp. d'assurance sur la vie en Italie.	1826	Babbage, "Comparative view of the unions institutions for the assurance of life."
1827	Arnoldi.	Etablissement de la banque d'assurance sur la vie, à Gotha.		
—	Laplace. †			Grün et Joliat, "Traité des assurances terrestres."
1828		L'établissement de Gotha revêt le titre de : "landesherrliche" (public). — Création d'une compagnie d'ass. sur la vie à Lubeck.		
1829	John Finlaison.	"Experience-Table."	1829	J. Finlaison, On the evidence and elementary facts on which the tables of life annuities are founded.
—	Arthur Morgan.		—	Tables dressées par ordre du gouvernement anglais, En 1819 M. Finlaison avait été chargé par le gouvernement de dresser une nouvelle table d'après les registres des quatre tontines instituées par le chancelier de l'Echiquier et comprenant 15,460 souscripteurs, parmi lesquels 8,529 étaient déja décédés. En 1829 il publia la loi de mortalité étudiée chez les deux sexes séparément. Le résultat auquel il était arrivé accrut beaucoup la valeur de la Table de Carlisle, dont il se rapprochait sensiblement.
—	Ampère.		—	Equitable Experience Table. (Cette table renommée, dite d'expérience, a été le produit d'un travail d'ensemble sur l'"Equitable" et 17 autres compagnies anglaises.)

1830	Création des premières compagnies d'assur. sur la vie aux Etats-Unis.	
— Lobatto.	— Voir les travaux de cet auteur sur les assurances, dans l'aperçu historique.	— Proposals for an improved census of the population. (E d i n b. R e v i e w, March 1829).
1834	l'«Assicurazioni Generali» étend ses opérations aux assurances sur la vie. Premier dividende payé par la banque de Gotha.	
1835 Quetelet.	L'établissement d'une institution d'assurance sur la vie, en Russie; monopole.	1835 Quetelet «s u r l'H o m m e.» Casper, «V i e m o y e n n e p r o b a b l e.»
— Hopf.	Est reçu actionnaire dans la banque de Gotha.	— Montferrand, comme M. Quetelet pour la Belgique, a entrepris de refaire pour la France la table de Duvillard.
— Montferrand.		— Ansell, dans son T r e a t i s e o n F r i e n d l y s o c i e t i e s dans les premiers âges, présente des résultats intermédiaires entre les deux Tables de Northampton et de Carlisle.
1836	Compagnie de West-Middlesex; opérations extravagantes, nonsolides.	1836 Francis Baily, T h é o r i e s des A n n u i t é s v i a g è r e s e t d e s a s s u r a n c e s s u r l a v i e.
1837 Brune.		1837 Table de la mortalité de l'établissement prussien en faveur des veuves.
1838 de Morgan.		1838 De Morgan, «E s s a y o n p r o b a b i l i t i e s.»
1840 Hooper Hartnoll	Les statuts de la Banque, de Gotha modifiés et élargis.	1839 Moser, L o i d e l a v i e m o y e n n e.
		1840 Avènement du journalisme spécial en Angleterre. (On y compte, indépendamment des revues, aujourd'hui jusqu'à quatre journaux spéciaux: l'I n s u r a n c e A g e n t, l'Insurance G u a r d i a n, l'Insur. Gazette et l'Insur. Record.)
— v. Littrow. †	Assurances de garantie créées à Londres.	

1841 Arnoldi.		1841 Premier calendrier destiné aux assurances en Angleterre.
1842	La comp. "Mutual Life" érigée à New-York, et la comp. royale à Copenhague.	
1843 Jenkin Jones.		1843 David Jones, Value of Annuities.
1843 David Jones.	Joint-Stock Companies Act. "Bubble companies." (Les abus se multiplient en Angleterre par rapport à la formation de sociétés; les opérations hasardeuses ou frauduleuses éveillent l'attention du public et du gouvernement. On voit de plus en plus le winding-up.	
		1844 Farr, "Historical Essay."
1846 Masius.		1846 Avènement du journalisme spécial en Allemagne. Masius, "Doctrine des assurances." — Table mortuaire de Hanovre. Table corrigée de Brune.
1847 Tellkampf.	Première compagnie d'assurance sur la vie en Norvège.	
1848	Il s'établit en Angleterre une compagnie d'assurance destinée à parer aux accidents qui pourraient survenir dans les voyages par railway. (Railroad assurance company).	1848 Goraud, "Histoire."
1849 Hubard.	Des hommes politiques, des administrateurs, de hauts industriels, se réunissent en France, sous le titre de comité pour la propagation des sociétés de prévoyance. (Cette réunion établit une enquête sur ces institutions, dont les résultats se trouvent consignés dans un ouvrage des plus importants du dr. G. Hubard.)	1849 Hubard, de l'organisation des sociétés de prévoyance ou secours mutuels et des bases scientifiques sur lesquelles elles doivent être établies, avec une table de maladies et une table de mortalité dressées sur des documents spéciaux. Paris, 1852.

Etablissement de l'Institute of actuaries; Finlaison président.

1850 Pouget. Création de l'assurance par l'état en France. — "La caisse de retraite." — La loi de 1850, pour la première fois, concéda au public en général aussi bien qu'aux employés de l'état la faculté de s'assurer un revenu viager pour l'époque de la vieillesse, à la seule condition d'un versement annuel. Le maximum de cette pension devait être de 600 francs; il a été élevé successivement jusqu'au chiffre de 1500 francs.

1850 Etablissement à New-York de l'"United States Life Insurance Comp." Première institution d'assurance de rente et de capital en Suède.

1851 James. Premiers pas de la surveillance gouvernementale sur les compagn. amér.

1852 Stamkart.

1853 Création de la "Royale belge," à Bruxelles. Développement de l'industrie des assurances sur la vie en Allemagne.

1854 Heym. Guillard.

1855 Gauss. †

Cette institution public aujourd'hui un "Magazine" ou revue spéciale.

1850 Avènement du journalisme spécial en France.

1851 Création du la "Rundschau" par Masius. James, "Treatise."

1853 John Francis, "Annals."

1854 Ach. Guillard a développé son système dans l'Annuaire de l'écon. pol. et de stat. pour 1854, p. 155, dans le Journ. d. Écon., Décembre 1854, et dans ses Eléments de statistique humaine ou démographie comparée, Paris 1855. Heym, Tables de l'établissement prussien en faveur des veuves.

1855 Heym, Tables pour le Saxe; Hopf, "Ergebnisse." Pouget, Dictionnaire.

Année			Année	
1856	Wiegand.		1856	Wiegand ouvre ses écrits de vulgarisation par le Catéchisme des Assurances sur la vie.
1857	Neison.	Chute de l'"Hammonia." Erection de la "Germania," à Stettin.	1857	Neison, "The Contributions on vital statistics" (nouvelles études statistiques sur la durée de la vie humaine, livre des plus importants sur la matière, tant pour la masse des faits recueillis que pour la diversité des points de vue auxquels l'auteur a su se placer).
1858		Création de l'"Ancre" à Vienne. Rémunérations élevées accordées aux commissionnaires d'assurances en Allemagne.	1858	Réserve négative des primes, inventée en Allemagne. Théorie de droit de Staudinger.
1859		L'établissement de la compagnie d'assur. sur la vie "Victoria" dans la Nouvelle Hollande.	1859	Fedor Thoman, "Theory of compound interest and annuities".
1860	Ch. Jellicoe.	Ch. Jellicoe président de l'"Instit." of Actuaries." Assurances contre la maladie en Allemagne.	1860	Etablissement du journal allemand des Assurances, par Saski.
—	Fischer.	Applications particulières d'assurer des primes.		Fischer, "Grundzüge".
1861		Les petites assurances garanties par l'Etat en Angleterre et en Allemagne.		
1862	Zillmer.	Limited Liability Law en Angleterre.	1862	Zillmer, "Mathematische Rechnungen". Premier almanac des Assuradeurs en Allemagne.
—	Moser.	Création du "Cosmos" en Hollande.	—	De Courcy, Essai sur les lois du hasard, études sur les assurances. Le journal spécial allemand "Deutsche V. Z.", passe à Elsner.
1863	Reboul.	Méthode de Mozer, corrigée par MM. Quetelet, Berg, Farr et autres.	1863	Reboul, Etudes sur les Assurances. Proposition de spécialités en Allemagne (Fischer, Heym, Hopf, Lazarus, Laudi, Weninger, Wiegand, Wittstein et Zillmer), à l'effet d'adopter des figures uniformes dans la partie mathématique des assurances sur la vie.

1864	Saski.	Etablissement de l'assurance sur la vie par l'Etat; mesure de Gladstone à cet effet. (Act. 27 et 28 Victoria, ch. 43; l'Etat est investi du droit de faciliter l'acquisition de petites rentes viagères et d'assurer le paiement des sommes en cas de mort.)	1864	Publication des Annales de Saxe.
1864	Farr.	Loi portée en France introduisant, à l'instar de l'Italie et de la Belgique, l'innovation des versements à capital réservé dans les caisses de retraite (loi de 1850).	1864	Farr, table nationale, n°. 3. Ellsner, Archif.
1865	Masius. †		1865	Hüttner continue le Rundschau.
—	Elsner.			Klun publie, à Vienne, le journal général des assurances sur la vie, en Allemagne.
—	Duménil.		—	Leop. Duménil, "des assurances sur la vie."
—	Percy et M. Dove.	Assurance établie en Allemagne contre la mort survenue pendant la guerre.		Ellsner, Recueil de lois concernant les assur. sur la vie.
—		Propagation de la théorie des assurances en France.	—	Le dr. Hermann, table de la mortalité en Bavière.
			—	Table mortuaire du "Royal."
				Dove construit au moyen de lignes courbes des diagrammes, coloriés, représentant le mouvement des décès.
			—	Traités populaires sur les assurances en France; travail de vulgarisation qui se continue encore; signalons ici les travaux de MM. Borie, Bathie, Michel Chevalier et particulièrement: Eug. Reboul, Assurances sur la vie; — Léopold Duménil, Des Assurances sur la vie; — Augustin Cochin, Les Petites Assurances sur la vie, par l'état dans les bureaux de poste en Angleterre; — puis

			E.About,l'Assurance. (Voir d'ailleurs l'aperçu historique.)
1866	Lobatto. †	L'Emper. Napoléon III, par sa lettre du 28 juillet 1866 au ministre d'état, recommande l'établissement d'une caisse des „invalides du travail," destinée à garantir aux ouvriers invalides ou à leurs veuves des pensions de retraite, non plus après un certain délai, mais à l'occasion d'un accident. L'état viendrait en aide aux cotisations individuelles par la subvention fixe de 1 pour 100 sur l'ensemble des grands travaux publics entrepris par l'état, les départements et les communes. Compagn. la „Sécurité générale" en France, qui se propose de garantir non-seulement les ouvriers contre les accidents professionnels, mais les patrons contre le recours des ouvriers en pareils cas. La „Nuova Società di Commerciale" en état de liquidation.	1866	Saski, Journal des Assurances. A. S. Taylor et Ambroise Tardieu, Etude médico-légale sur les Assurances sur la vie.
—	A. S. Taylor et A. Tardieu.			
—	Hermann.			
1867	Sam. Brown.	Succède Ch. Jellicoe comme président de l'„Institute of Actuaries." Etablissement d'une chambre spéciale concernant les assur. sur la vie, à New-York. La première compagnie d'assurance en Autriche en état de liquidation. Assurance pontificale, par „le Monde." de Paris.	1867	Wittstein, Statistique mathématique.
1868	Dove. †	Etablissement du collége spécial en faveur des assurances sur la vie à Berlin, par Heym, Hopf. Lazarus, Wiegand, Busse, Kanner et Zillmer.	1868	Knapp, travaux sur la mortalité.
1869	Cave.	M. Cave, l'ancien et le dernier vice-président du „Board of Trade" prend l'initiative d'un projet de loi sur les compagnies d'assurance sur la vie.	1869	Prof. W. Karup, „Theoretisch-practisches Handbuch der Lebensversicher."